BEI GRIN MACHT SICH IHR WISSEN BEZAHLT

- Wir veröffentlichen Ihre Hausarbeit,
  Bachelor- und Masterarbeit

- Ihr eigenes eBook und Buch -
  weltweit in allen wichtigen Shops

- Verdienen Sie an jedem Verkauf

Jetzt bei www.GRIN.com hochladen und kostenlos publizieren

Mathias Uslar

Workflow Patterns - ein Überblick und Beispiele

GRIN Verlag

Bibliografische Information der Deutschen Nationalbibliothek:

Die Deutsche Bibliothek verzeichnet diese Publikation in der Deutschen National-
bibliografie; detaillierte bibliografische Daten sind im Internet über http://dnb.d-
nb.de/ abrufbar.

Impressum:

Copyright © 2004 GRIN Verlag GmbH
Druck und Bindung: Books on Demand GmbH, Norderstedt Germany
ISBN: 978-3-638-70124-2

Dieses Buch bei GRIN:

http://www.grin.com/de/e-book/21661/workflow-patterns-ein-ueberblick-und-bei-
spiele

GRIN - Your knowledge has value

Der GRIN Verlag publiziert seit 1998 wissenschaftliche Arbeiten von Studenten, Hochschullehrern und anderen Akademikern als eBook und gedrucktes Buch. Die Verlagswebsite www.grin.com ist die ideale Plattform zur Veröffentlichung von Hausarbeiten, Abschlussarbeiten, wissenschaftlichen Aufsätzen, Dissertationen und Fachbüchern.

Seminararbeit zur VL
Softwaresystementwicklung (SSE)

Workflow Patterns - ein Überblick und Beispiele

MATHIAS USLAR

Inhaltsverzeichnis

Abbildungsverzeichnis

1 Einführung und Motivation

Workflowmanagementsysteme spielen heutzutage nicht nur wegen der immer höheren Integration in ERP (Enterprise Resource Planning) Systeme wie SAP eine wichtige Rolle, vielmehr führen umfangreiche Geschäftsrestrukturierungsmaßnahmen zur Senkung der Kosten der jeweiligen Unternehmensprozesse zu der Notwendigkeit, Prozesse beschreiben zu können. Durch die Beschreibungen werden Prozesse transparenter und es kann versucht werden, sie zu optimieren und standardisieren. Das Business Process (Re-)Engineering versucht, diese Ideen umzusetzen. Ein Workflow beschreibt dabei die Aktivitäten von Geschäftsvorfällen auf der konzeptuellen Ebene, dies ist die Basis für das Optimieren und analysieren. Dabei haben sich verschiedene Systeme und Techniken entwickelt, die sowohl in Produktivbetrieb die einzelnen Arbeitsprozesse unterstützen, als auch bei der Planung und der Optimierung von diesen Prozessen helfen. Diese Arbeit soll einen speziellen Aspekt von Arbeitsprozessen untersuchen, nämlich immer wiederkehrende Muster in den Prozessen, die in Standards zur Modellierung als auch in Softwareprodukten abgebildet werden können: die sogenannten Workflow Patterns.

1.1 Aufbau der Arbeit

Im folgenden werden erst einmal Begriffsklärungen vorgenommen, die dem Leser vor Augen führen, was Workflow überhaupt ist und wozu Workflowmanagementsysteme dienen. Der aktuelle Stand von Workflowmanagementsystemen soll dazu dienen, die Notwendigkeit der Verbesserung dieser Systeme durch sinnvolle Analysetechniken zu motivieren. Workflow Patterns sind ein Mittel, Workflowmanagementsysteme zu kategorisieren und vergleichbar zu machen. Im Kern der Arbeit wird daher ein Überblick über die von Van der Aalst, Hofstede und Kiepuszwewski entdeckten und ausformulierten 20 wichtigsten Workflow Patterns stehen. Um die abstrakte Ebene der Muster wieder zu verlassen und mit für den Leser verständlichen Inhalt zu füllen, wird im letzten Abschnitt vor dem Fazit der Arbeit beispielhaft für die UML und die KMDL eine Analyse unter dem Aspekt der verschiedenen Pattern vorgenommen. Am Ende der Arbeit steht ein Gesamtfazit zum Thema Workflow Patterns, welches den aktuellen Stand und mögliche Perspektiven zusammenfasst und darstellt.

1.2 Definitionen

Um die einzelne Gebiete des Themengebietes verstehen zu können, bedarf es der Definition der einzelnen Begriffe. In Unternehmen gibt es verschiedene Aktivitäten, die immer und immer wieder durchgeführt werden. Diese Geschäftsvorfälle oder -prozesse haben verschiedene Ein- und Ausgaben und besitzen eine bestimmte Aufgabe im Unternehmen [SH01]. Eine Sequenz von Vorfällen kann sowohl von Menschen als auch von Maschinen oder im Verbund durch beide durchgeführt werden. Die zusammengekoppelten Aktivitäten bilden den Workflow.

Definition von Workflow nach Stohr [SZ00]:

> "Workflow ist die Bezeichnung für arbeitsteilige Prozesse, die zur Abwicklung von Geschäftsvorfällen initialisiert werden. Diese erfassen ein Spektrum, das von einfachen Prozessen bis zu komplexen, organisationsweiten bzw. organisationsübergreifenden Vorgängen reicht."

Der Begriff des Workflow ist natürlich je nach Schule nicht so eindeutig mit Fokus auf die Arbeitsorganisationslehre bestimmt, die WFMC (Work Flow Management Coalition, http://www.wfmc.org) definiert den Begriff Workflow wesentlich kürzer und mit Fokus auf der elektronische Unterstützung der Prozesse als:

> "Workflow is decribed as the computerised facilitation or automation of a business process, in whole or part."

also

> "Unter dem Begriff Workflow wird die computergestützte Durchführung oder Automatisierung eines gesamten Geschäftsprozesses oder von Teilen dieses Prozesses verstanden"

Dabei wird jedoch vergessen, dass eine der Haupteigenschaften von Workflows auch die Integration von einzelnen Organisationseinheiten an sich ist [MS99]. Auch der Begriff des Vorfalls oder der Aktivität als kleinste granulare Einheit im Workflow wird von der WFMC nicht erfasst. Im folgenden wird daher die Definition nach Stohr für den Begriff Workflow im Rahmen dieser Arbeit genutzt. Die Abbildung, Automatisierung, Optimierung und Unterstützung von Workflows soll durch Workflowmanagementsysteme durchgeführt werden.

Die WFMC definiert ein Workflowmanagementsystem als:

> "A Workflow Management System is a system that defines, creates and manages the execution of workflows through the use of software, running on one or more workflow engines, which is able to interpret the process definition, interact with workflow participants and, where required, invoke the use of IT tools and applications."

auf deutsch als:

> "Ein Workflowmanagement System ist ein System, welches die Durchführung eines Geschäftsprozesses durch die Nutzung von Software definiert, erzeugt und überwacht und dazu eine oder mehrere Workflow Engines benutzt, die in der Lage sind, die Prozess-Definition zu interpretieren und durch den geeigneten Aufruf von Tools und Software im Sinne der Prozessdefinition mit den am Workflow beteiligten Teilnehmern zu interagieren."

Durch die Nutzung von Workflowmanagementsystemen (WFMS) sollen vor allem die im folgenden beschriebenen Ziele erreicht werden

1.3 Zielsetzung von Workflowmanagement

Die folgenden Ziele sollen von WFMS erreicht werden (nach [MS99],[PS98]):

Verringerung von Durchlaufzeiten Durch bessere Durchlaufzeiten werden Aufträge schneller abgewickelt, was zu einer höheren Kundenzufriedenheit führen sollte. Dabei wird auch der Durchsatz erhöht, was zu einem geringeren umgelegten Fixkostenanteil an den Stückkosten führt.

Kontrollierter Fluss von Daten und Dokumenten Der Fluss von Wissen und Daten im Unternehmen wird transparenter, Informationen werden strukturiert und genau an die sie benötigenden Stellen weitergegeben

Automatisierung von Arbeitsvorgängen Automatisierte Vorgänge, beispielsweise in der Verwaltung beim e-Procurement können Stellen einsparen und dadurch Kosten senken.

Zeit- und Ressourcenoptimierung Neben den gesenkten Durchlaufzeiten werden die vorhandenen Maschinen etc. eventuell effizienter genutzt, wenn die Fertigung schneller von statten geht.

Beseitigung von Medienbrüchen Durch die Automatisierung sind alle Daten direkt im System und werden nicht von Hand von Papier in das System übertragen, so dass es zu Übertragungsfehlern kommen kann.

Transparentere Prozesse, die wiederverwendbar sind Transparente Prozesse sind leichter zu optimieren und nachzuvollziehen. Die Wiederverwendung senkt wiederum Kosten.

Systematisierung von Arbeitsvorgängen Systematische Arbeitsvorgänge sind für die Mitarbeiter leichter nachzuvollziehen und zu reproduzieren.

Reduktion von Prozesskosten Standardprozesse sind im Unternehmen überall gleich, Handbücher und Schulungen können leichter durchgeführt werden, da sie überall gleich zu halten sind.

Ein Workflowmanagementsystem kann alle diese Vorteile durchaus realisieren, jedoch gibt es auch grosse Nachteile bei der Einführung von WFMS:

Hohe Kosten WFMS bieten zwar Einsparungspotenziale, jedoch müssen erst einmal initiale Kosten für die Software, Hardware und Schulungen ausgegeben werden.

Hoher Zeitaufwand Für die Einführung der Mitarbeiter in das System sind Schulungen nötig, die Mitarbeiter können in dieser Zeit nicht arbeiten, zu Anfang der Nutzung des Systems sinkt weiterhin die Produktivität.

Aufnahme der Geschäftsprozesse Die Prozesse des Unternehmens müssen erfasst werden, was nicht nur langwierig, sondern auch kosten- und arbeitsintensiv ist.

Akzeptanz bei den Mitarbeitern Neue Systeme, die von der Geschäftsführung eingeführt werden, werden von Mitarbeitern meist nicht einfach akzeptiert. Gerade WFMS, welche ähnlich einem ERP System umfangreiche Änderungen an Prozessen und Arbeitsabläufen, zum Teil willkürlich vornehmen, haben einen schweren Stand.

Unflexible Systeme Meist werden die Prozesse des Unternehmesn dem WFMS angepasst und nicht umgekehrt, wenn das WFMS nicht alles, was an Prozessen im Unternehmen existiert, abbilden kann. Dies sorgt für Unmut und verhindert unter Umständen optimale Prozesse, da die Fähigkeiten des Systems begrenzt sind.

Schlechte Antwortzeiten Schlechte Durchlaufzeiten und fehlende Echtzeitfähigkeit hindern WFMS oft an Einsätzen bei großen Datenmengen im Workflow.

Diese Punkte führen zu einer generellen Kritik an den aktuell auf dem Markt befindlichen Systemen.

1.4 Kritik an aktuellen Systemen

Neben dem im vorherigen Abschnitt genannten Nachteilen kommt es bei WFMS auch zu Problemen mit den Trend zu ERP Systemen und Wissensmanagement. Betrachtet man beispielsweise Dokumentenmanagementsysteme (DMS), so implementieren diese schon große Workflow- und Publishingfähigkeiten für Dokumente im Unternehmen. Ein DMS kann in bestimmten Bereichen ein WFMS ersetzen und dies meist zu einem besseren Preis, da der Markt für DMS größer ist und weniger Funktionalität implementiert werden muss. Weiterhin integrieren immer mehr ERP Systeme wie SAP R/3 Workflow Funktionalitäten, so dass WFMS immer mehr an Marktanteil verlieren. Dies liegt zum größten Teil natürlich auch an den Nachteilen und am sinkenden Trend von WFMS als Stand-alone Systeme, der Trend geht zur Integration von Workflowfunktionalitäten in DMS, Groupware oder ERP Systeme. Ein weiterer entscheidender Faktor für die Auswahl von Standardsoftware in Unternehmen ist eine Vergleichbarkeit von Lösungen. Bislang waren WFMS eher auf einer formalen Ebene (Oberfläche, Preis, Technologie, Datenformate etc.) vergleichbar, das Konzept der Workflow Patterns bietet jedoch auch eine Vergleichbarkeit auf formal inhaltlicher Ebene. Welches Produkt bietet welche Patterns und eignet sich daher für was für Prozesse? [ABHK03] bietet eine Übersicht über die Patterns, die verschiedene Produkte unterstützen, eine Übersicht über die 20 wichtigsten Patterns wird der nächste Abschnitt bieten. Diese Patterns erlauben es einem Unternehmen endlich, schon vor der Auswahl des WFMS und nach einer Geschäftsprozessanalyse das Tool kaufen zu können (solange genügend finanzielle Mittel zur Verfügung stehen), welches die im Unternehmen existierende Prozesse optimal abbilden kann.

2 Workflow Patterns

Die folgenden Patterns sind dem Artikel [ABHK03] sinnhaft entnommen und mit Beispielen versehen worden, funktionsfähige Flash-Animationen, die die Pattern illustrieren und mit Leben füllen, sind unter [WFP03] zu finden.

2.1 Kurzübersicht Workflow Patterns

2.1.1 Pattern 1: Sequenz

Ein Vorgang in einem Workflow wird nur durchgeführt, wenn vorher ein anderer Vorgang durchgeführt wurde.

Synonyme Sequential routing, serial routing.

Beispiel: Ein Dokument wird an den zuständigen Sachbearbeiter weitergeleitet, nachdem es auf fehlende Daten durch ein System überprüft wurde.

Typ: Basiskontrollflussmuster

2.1.2 Pattern 2: Paralleler Split

An einem Knoten im Workflow spaltet sich ein einzelner Kontrollpfad in mehrere Kontrollpfade auf, die parallel zu einander weiter laufen können.

Synonyme: AND-Split, parallel routing.

Beispiel: Nachdem ein Teil in der Fertigung verbaut wurde, wir sowohl der Lagerbestand dekrementiert als auch in einem zweiten Prozess überprüft, ob noch genügend Teile vorhanden sind, damit die Mindestanzahl im Lager nicht unterschritten wird.

Typ: Basiskontrollflussmuster

2.1.3 Pattern 3: Synchronisation

Mehrere parallele Kontrollpfade fließen an genau einem Knoten zusammen. Um den Workflow weiterzuführen, muss jeder vor diesen Knoten liegende Pfad durchlaufen worden sein.

Synonyme: AND-join, Rendezvous, Synchronizer.

Beispiel: Zu verbauende Teile im Lager werden erst neu bestellt, wenn sowohl der Lagerbestand unter die Mindestanzahl gefallen ist als auch genügend Kontodeckung für eine Neubestellung beim Zulieferer vorhanden ist.

Typ: Basiskontrollflussmuster

2.1.4 Pattern 4: Exklusive Wahl

Ein Knoten in einem Workflow-Prozess, an dem einer von mehreren Pfaden gewählt wird.

Synonyme: XOR-Split, switch, selection.

Beispiel: Wenn der Mitarbeiter für den Kaffeeautomaten lediglich 60 Cent hat, steht er vor der Wahl entweder einen Kakao für 60 Cent zu kaufen oder aber einen Kaffee, wenn er etwas trinken will.

Typ: Basiskontrollflussmuster

2.1.5 Pattern 5: Einfacher Merge

Ein Knoten, bei dem zwei oder mehr Zweige ohne Synchronisation zusammenfließen. Dabei wird nur eine der Alternativen durchgeführt.

Synonyme: XOR-Join, asynchroner Join, merge

Beispiel: Nach Eingang eines Auftrages per Telefon wird die Ware verschickt, ebenso wenn dieser nochmal per Fax eingeht.

Typ: Basiskontrollflussmuster

2.1.6 Pattern 6: Multi-Choice

Ein Knoten im Workflow an dem ein oder mehrere Zweige gewählt werden können.

Synonyme: Conditional routing, selection, OR-Split.

Beispiel: Bei einer Reklamation wird entweder die Ware zurückgenommen oder der Kunde lachend nach Hause geschickt.

Typ: Erweitertes Verzweigungs– und Synchronisationsmuster

2.1.7 Pattern 7: Synchronisierender Merge

Ein Knoten im Workflow, an dem mehrere Pfade zu einem zusammenlaufen. Sind es mehrere Pfade, müssen die aktiven synchronisiert werden. Ist es nur einer, teilen sich die alternativen Zweige auf, und zwar ohne Synchronisation. Voraussetzung ist, dass ein aktivierter Pfad während der Verflechtung nicht noch einmal aktiviert werden kann.

Synonyme: Synchronisierender Join.

Beispiel: Nach Abgabe eines Papers bei einer Konferenz und der Annahme durch wenigstens einen von drei Gutachtern wird eine Einreichung der Autoren akzeptiert.

Typ: Erweitertes Verzweigungs– und Synchronisationsmuster

2.1.8 Pattern 8:Multi-Merge

Ein Knoten in einem Workflow, an dem zwei oder mehrere Kontrollflüsse ohne Synchronisation zusammenlaufen. Dabei löst jeder ankommende aktive Zweig die nachfolgende Aktion erneut aus.

Beispiel: Mehrere Zweige besitzen ein gemeinsames Ende. Man könnte jeden Zweig einzeln konstruieren, stattdessen kann kann jedoch ein Multi-Merge benutzt werden.

Typ: Erweitertes Verzweigungs– und Synchronisationsmuster

2.1.9 Pattern 9: Diskriminator

Ein Knoten im Workflow, der auf einen ausgeführten ankommenden Zweig wartet, um den nachfolgenden Vorgang auszulösen. Von da an wartet der Diskriminator auf alle eventuell noch vorhandenen restlichen Zweige, um sie nicht auszulösen. Sind alle ankommenden Zweige ausgelöst worden, kann der Diskriminator von neuem ausgelöst werden.

Beispiel: Eine Anfrage an eine verteilte und redundante Datenbank wird an mehrere Server abgesetzt, mit der ersten Antowrt werden alle weiteren vom Client ignoriert.

Typ: Erweitertes Verzweigungs- und Synchronisationsmuster

2.1.10 Pattern 10: Arbiträre Kreise

Ein Punkt, an dem ein oder mehr Vorgänge wiederholt durchgeführt werden können.

Synonyme: Loop, Iteration, Cycle.

Typ: Strukturelles Muster

2.1.11 Pattern 11:Implizite Terminierung

Ein Subprozess sollte abgeschlossen werden, wenn alle Aktionen aktiviert wurden (vergleichbar mit einem Deadlock in einem Petrinetz).

Typ: Strukturelles Muster

2.1.12 Pattern 12: Multiple Instanzen ohne Synchronisierung

Im Einzelfall können multiple Instanzen erzeugt werden. Sie müssen jedoch nicht synchronisiert werden.

Synonyme: Spawn off facility.

Beispiel: Ein Kunde bestellt bei einem Versandhändler mehrere Einzelposten in einer Sammelbestellung. Einige Vorgänge werden direkt mit der Bestellung ausgeführt. Um jedoch die Vorgänge jedes einzelnen Postens im Workflow abbilden zu können, brauchen wir multiple Instanzen um die einzelnen Vorgänge für jeden Posten darstellen zu können.

Typ: Muster mit multiplen Instanzen

2.1.13 Pattern 13: Multiple Instanzen mit a Priori Design Time Knowledge

Bei einer Prozessinstanz können einzelne Vorgänge mehrfach aktiviert sein. Beim Entwurf des Modells ist jedoch die Zahl der Instanzen bekannt. Sind alle Instanzen durchlaufen, müssen neue Vorgänge gestartet werden.

Beispiel: Genehmigungsverfahren im Vier-Augen Prinzip.

Typ: Muster mit multiplen Instanzen

2.1.14 Pattern 14: Multiple Instanzen mit a Priori Runtime Knowledge

Die Zahl der Instanzen eines vorgegebenen Kontrollflusses variiert von Fall zu Fall. Sie ist erst berechenbar, wenn der Prozess schon läuft, jedoch bevor die Instanzen der Aktivität erzeugt werden.

Beispiel: Bei dem Gutachten für eine Diplomarbeit wird diese mehrfach von Erst- und Zweitgutachter gelesen. Die genaue Anzahl hängt jedoch vom Abgabedatum ab, da u.U. die Gutachter zu viel zu tun haben.

Typ: Muster mit multiplen Instanzen

2.1.15 Pattern 15: Multiple Instanzen ohne a Priori Runtime Knowledge

In einem Fall wird eine Aktivität mehrfach ausgeführt. Die Anzahl der Instanzen ist zu keinem Zeitpunkt, weder vorher noch während des Prozesses bevor die Instanzen erzeugt wurden bekannt. Wenn alle Instanzen durchlaufen wurden, können andere Aktivitäten gestartet werden. Der Unterschied zu Pattern 14 ist, dass schon während einige Instanzen durchgeführt werden, neue erzeugt werden können.

Beispiel: Bei einem Diebstahl werden mehrere Augenzeugen verhört. Die Anzahl der Zeugen ist unbestimmt. Schon während die Polizeit den Fall bearbeitet, können weitere Zeugen auftreten.

Typ: Muster mit multiplen Instanzen

2.1.16 Pattern 16: Deferred Choice

Betrachtet wird ein Knoten innerhalb des Geschäftsprozesses. Hier wird einer von mehreren möglichen Kontrollflüssen gewählt. wenn die Wahl gefallen ist, werden alle Alternativen nicht mehr durchgeführt. Jedoch soll die Wahl so spät wie möglich, also aufgeschoben/deferred, getroffen werden.

Synonyme: Verzögerter XOR-Split, implicit choice, external choice.

Beispiel: Eine Lieferung bei Amazon.de liegt bei Wahl der Option Komplettversand solange auf Eis, bis alle Produkte der Bestellung auch wirklich gleichzeitig lieferbar sind.

Typ: Zustandsbasierte Muster

2.1.17 Pattern 17: Interleaved Paralleles Routing

Im Kontrollfluss werden mehrere Aktivitäten parallel nacheinander ausgeführt, wobei nicht bekannt ist, in welcher Reihenfolge sie geschaltet werden.

Synonyme: Unordered sequence.

Beispiel: Wenn Studenten in Oldenburg anfangen zu studieren, suchen sie sich meist eine Wohnung in Oldenburg und gehen zum Immatrikulationsamt. Sollten sie kein NC Fach studieren, ist die Reihenfolge egal.

Typ: Zustandsbasierte Muster

2.1.18 Pattern 18: Meilenstein

Es gibt eine Menge A Aktivitäten, von denen die letzte erst ausgeführt werden kann, nachdem alle anderen ausgeführt wurden, und nicht mehr ausgeführt werden kann, nachdem eine folgende der Menge B ausgeführt wurde.

Synonyme: Test arc, deadline, state condition, withdraw message.

Typ: Zustandsbasierte Muster

2.1.19 Pattern 19: Abbruch einer Aktivität

Eine laufende Aktivität wird abgebrochen.

Synonyme: Withdraw activity.

Beispiel: Beim Testen eines Produktes wird klar, dass ein weiteres paralleles Testteam seine Arbeit abbrechen kann, da das erste Team ausreichend ist.

Typ: Abbruch-Muster

2.1.20 Pattern 20: Abbruch eines Falles

Es werden nicht einzelne Aktivitäten gestoppt, sondern ganze Prozesse gelöscht, z.B. durch Wegrationaliseurng einer Abteilung.

Synonyme: Withdraw case.

Beispiel: Ein Produkt wird kurz vor der Markteinführung getestet und für zu gefähr-
lich und fehlerhaft befunden. Trotz laufender Werbekampagne beschließt die Firma, das
Produkt nicht auszuliefern.

Typ: Abbruch-Muster

2.2 Wozu Workflow-Patterns?

Schon Stefan Jablonski in [OV96] erkannte die Notwendigkeit, Workflows klassifizieren
zu müssen. WFMS wurden ohne konzeptionelle Basis vertrieben, die Unzufriedenheit mit
den Systemen war gross. Schnellschüsse wurden unter dem Begriff WFMS vertrieben,
die sich ständig ändernden Prozesse der Unternehmen konnten nicht adäquat abgebildet
werden. Der *Mobile* Ansatz versuchte, anwendungs- und modellbezogene Anforderungen
an Workflowmanagementsysteme zu definieren und durch diese dann eine Klassifikation
zu erreichen. Im Zentrum der Klassifikation stand der Kontrollfluss. Aus dem allgemei-
nen Workflowmodell *Mobile* lassen sich abstrakte Datentypen ableiten und *Mobile* sich
damit auch für die Definition neuer Workflowmanagementsprachen nutzen. Trotz eini-
ger erfolgreich durchgeführter Studien und Auswahlverfahren von WFMS aufgrund von
Mobile setzte es sich nicht durch, da der Fokus noch nicht genug auf den Kontrollstruk-
tureigenschaften lag.

Das in der Softwarearchitektur als Design Patterns bekannte Konzept wurde 1999 von
van der Aalst und Hofstede auf die Kontrollstrukturen von WFMS übertragen. In
[ABHK00] nennen sie ihre Arbeit eine "wissenschaftliche Antwort auf die Konzepte
von Unternehmensberatungen zum Thema Workflowmanagement". Ihre Arbeit versucht
systematisch von den Grundkonzepten bis zu komplexen Mustern Workflowanforderun-
gen zu formulieren. Die identifizierten Muster, die Workflow Patterns, kommen in rea-
len Geschäftsprozessen immer wieder vor, obwohl nur wenige Softwareprodukte oder -
standards sie überhaupt unterstützen. Den technischen und kommerziellen Auswahlkri-
terien der Unternehmensberatungen sollen Techniken von Workflowmodellierungsspra-
chen und Planungstechniken gegenübergestellt werden, um WFMS sinnvoll zu evalu-
ieren. Die Arbeit ist seit 2000 auch auf einer Webseite (http://tmitwww.tm.tue.nl/-
research/patterns/)mit umfangreichen Analysen und Animationen der einzelnen Patterns zum Testen verfügbar.

Dabei unterscheiden sie die im vorherigen Kapitel exemplarisch vorgestellte Muster in
vier Kategorien:

- Basismuster, die von fast allen Systemen unterstützt werden.

- Verzweigungs- und Synchronisationsmuster, mit denen Nebenläufigkeit ähnlich wie bei Petrinetzen modelliert werden kann [vdAtH].

- Strukturelle Muster, die die Strukturen eines Prozesses wiedergeben sollen.

- Muster mit multiplen Instanzen, um mehrere Pfade im Kontrollfluss darstellen zu können.

- Zustandsbasierte Muster, die den Zustand eines Workflows darstellen können.

- Abbruchmuster, die das Löschen und Stoppen von Aktivitäten und Prozessen darstellen können.

Die Muster bilden eine Basis für die sinnvolle Analyse von WFMS und den ihnen zugrunde liegende Sprachen. Im folgenden Abschnitt werden einmal exemplarisch der UML 2.0 Standard [OWS+03] und die KMDL 1.0, eine Sprache zu Modellierung wissensintensiver Prozesse nach [Gro03] untersucht.

3 Anwendung

3.1 UML zur Modellierung von Geschäftsprozessen

3.1.1 Evaluation

[OWS+03] nennen als Gründe, warum UML zur Modellierung von Geschäftprozessen geeignet ist, folgendes:

Breite Werkzeugunterstützung Für die UML stehen viel erprobte Werkzeuge zur Verfügung, je nach Zielgruppe und Anforderungen mit den unterschiedlichsten Funktionsumfängen

Durchgängigkeit Die methodische Durchgängigkeit von der Geschäftprozessanalyse bis zur Implementierung ist gewährleistet.

Bewährte und etablierte Techniken Objektorientierte Modellierung und Programmierung ist seit vielen Jahren erfolgreich, Entwurfsmuster und -prinzipien nach [GHJV94] lassen sich auf die Geschäftprozessmodellierung übertragen.

Bessere Verständigung Durch dieselbe Sprache von Modellierer und Programmierer sind bessere Ergebnisse zu erwarten.

Die einzelnen Techniken/Diagrammtypen der UML unterstützen verschiedenste Anforderungen der Geschäftsprozessmodellierung. Sequenzdiagramme stellen die Abläufe der Prozesse dar [DtH01] und unterstützen diverse WF Patterns, Use Cases lassen Geschäftsfälle identifizieren, Zustandsdiagramme lassen den Ist-Zustand modellieren, Klassen lassen Organisationseinheiten modellieren. [WFP03] stellt in einer Übersicht aus dem Jahr 2000 dar, dass die UML es ermöglicht, folgende Muster (10/20) zu realisieren:

15

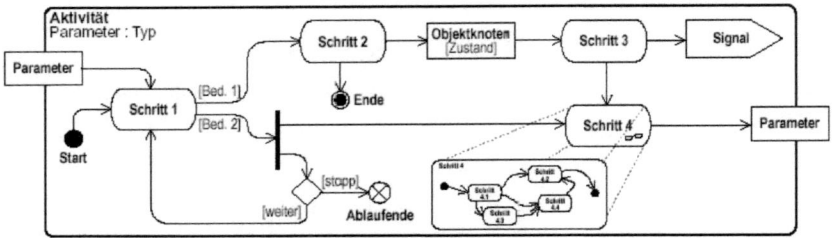

Abbildung 1: Aktivitätsdiagramm zur Geschäftsprozessmodellierung aus [OWS+03]

- Sequenz

- Paralleler Split

- Synchronisation

- Exklusive Wahl

- Einfacher Merge

- Multiple Instanzen mit a Priori Design Time Knowledge

- Multiple Instanzen mit a Priori Runtime Knowledge

- Deferred Choice

- Abbruch einer Aktivität

- Abbruch eines Falles

Im übrigen gilt anders als bei den Design Patterns, dass die Anzahl der unterstützten Patterns ein Qualitätsmerkmal ist, wie in der Arbeit auch mehrfach motiviert wurde, da einfach mehr Prozesse modelliert werden können. Jedoch ist bei den Untersuchungen UML die einzige nicht spezialisierte Sprache gewesen, das Abschneiden war jedoch nicht wesentlich schlechter als das der WF Sprache XPDL.

3.1.2 Fazit

UML ist zur Modellierung von Workflows geeignet (tatsächlich sogar besser als *Mobile*), da sich neben einer hohen Abbildbarkeit von Workflow Patterns und noch offenen Verbesserungen sowie Abbildbarkeit von nicht Workflow-orientierten Geschäftsvorfällen,

-zuständen und - erfordernissen und denen in der Softwareentwicklungswelt verbreiteten Fähigkeiten zur Benutzung entsprechender Tools umfangreiche Potenziale ergeben.

3.2 KMDL 1.0

3.2.1 Evaluation

Die KMDL ist eine Modellierungssprache für die Modellierung wissensintensiver Geschäftsprozesse die von der Abteilung Wirtschaftsinformatik der Universität Oldenburg unter Leitung von Prof. N. Gronau entwickelt wurde. Die Sprache wird laufend weiterentwickelt und im Rahmen des Projektes M_Wise auch strukturell überarbeitet.

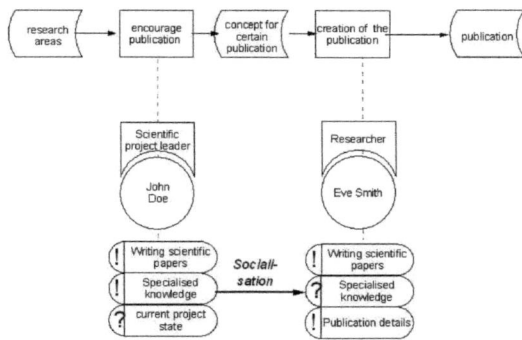

Abbildung 2: Beispielhafte KMDL Modellierung

Wissenintensive Prozesse haben einige wichtige Kennzeichen, die im folgenden stichwortartig wiedergegeben sind. Wissensintensive Geschäftsprozesse ...

- Erfordern oft ein hohes Maß an Kreativität im Prozess zur Leistungserstellung

- Schaffen Innovationen und sind zwangsläufig selbst oft innovativ

- Sind nicht eindeutig im Ablauf, sie sind oft nebenläufig und parallel oder hängen voneinder zyklisch ab

- Haben oft viele Beteiligte

- Sind oftmals nicht vollständig definiert, da auf zusätzliches implizites Wissen zurückgegriffen wird, was eine Ausformulierung nicht nötig macht ("Daumenregeln")

- Besitzen oftmals viele Quellen oder Medien/Ressourcen/Personen, die auf eine sehr wissensintesive Art kombiniert werden müssen

- Finden oft autonom statt, lediglich das Ergebnis ist interessant, daher hat die am Prozess beteiligte Person oft eine grossen Entscheidungsspielraum

- Die beteiligten Personen haben oftmals unterschiedliche Expertisen

- Der Prozess entwickelt sich dynamisch und ändert sich häufiger

- Sind mit den herkömmlichen Methoden zur Geschäftsprozessverbesserung nicht zu verbessern

- Input/Output ist ungewiss und vielfältig

- Haben oftmals viele Ausnahmebedingungen

- Ein komplexes Netz von Information und Rückmeldung ist nötig

- Involvieren hochspezialisierte Personen und Stellen, die nicht mit Standardprozessen abzudecken sind.

Dies alles führt zu speziellen Anforderungen an die Modellierung, die da sind:

- Die Modellierung sollte nicht nur der Dokumentation dienen sondern auch den Prozess verbessern und Schwachstellen aufdecken.

- Prozess- und Wissenmodellierung müssen integriert werden

- Implizites Wissen muss berücksichtigt werden und in der Modellierung sichtbar sein.

- Wissenkonversionen müssen abgebildet werden

- Nicht nur der Informations-, sondern auch der Wissensfluss muss klar werden

- Angebot und Nachfrage von Wissen soll modelliert werden

- Wissen ist personenbezogen, dies sollte in der Modellierung klar werden

- Soll/Ist Vergleich von Wissen für Schwachstellenanalyse und Skill-Management muss ermöglicht werden

- Verschiedene Sichten, bsp.weise auf Prozess oder Organisation sollten angeboten werden [Sch94]

18

- Wissenlandkarten sollten sich erstellen lassen

Herkömmliche Modellierungtools eigenen sich daher nicht für die Modellierung von wissensintensiven Prozessen, da sämtliche herkömmlichen Modellierungswerkzeuge die oben genannten Anforderungen an die Modellierung von wissenintensiven Prozessen mehr schlecht als Recht erfüllen. Die Anwendung von Workflow Patterns auf diese Sprache ergibt, dass sich nur wenige Pattern anwenden lassen. Der spezielle Charakter mit Fokus auf die Wissenskonversion und die Wissenflüsse ergibt Lücken im normalen Kontrollfluss der Tätigkeiten, was sich jedoch auch auf die Art der erhobenen Daten zurückführen lässt, das Wissen nicht als Artefakt vorliegt und eingebracht werden muss. Unterstützte Muster (6/20) sind:

- Sequenz

- Paralleler Split

- Synchronisation

- Exklusive Wahl

- Einfacher Merge

- Arbiträre Kreise

3.2.2 Fazit

Kontrollflussorientierte Workflowsprachen werden durch die Pattern schon sehr gut erfasst, spezialisierte Sprachen, die auch das Wissen in den heute oft verbreiteten "Ad-hoc" Prozessen erfassen und Verbindungen zu Wissenskonversion unterstützen, schneiden bei der Analyse unter den vorhandenen Pattern nicht gut ab. Zwar sind die Basis Pattern vorhanden, die spezielleren Pattern können durch die KMDL jedoch nicht abgebildet werden. Hier ist Raum für Verbesserungen. Umgekehrt sollten die Workflow Patterns auch den Aspekt von Wissen in Prozessen und die Übertragung von Wissen aufgreifen und zum Thema machen.

4 Fazit

Das Thema Workflow Patterns bietet einige interessante, bei Beginn der Bearbeitung des Themas nicht erkennbare Erkenntnisse.

Trotz der Tatsache, dass Workflow Management Systeme heutzutage wegen ihrer Unzulänglichkeiten auf dem Markt an Bedeutung verloren haben und daher die Workflow Patterns eigentlich ihrer logischen Grundlage beraubt wurden, führen ERP Systeme wie

SAP R/3 mit den ihnen zugrunde liegenden Konzepten wie Ereignis-orientierten Prozessketten sowie allgemeine den Workflow unterstützende Systeme wie Groupware oder Dokumentenmanagementsysteme dazu, dass Workflow Patterns in der Analyse und der Bewertung von Geschäftsprozessen in Zukunft noch eine wichtige Rollen spielen können.

Konzepte wie ARIS bieten Sichten auf Geschäftsprozesse, die mittlerweile den Prozessen nach Taylorschen Maßstäben angemessen sind, nicht jedoch den Prozessen moderner Informationsgesellschaften. Software, die moderne Prozesse unterstützt wird mit modernen Techniken wie Design Patterns und objekt-orientierten Sprachen entwickelt und vorher objekt-orientiert mit der UML modellliert. Warum sollten die diese moderne Software einsetzenden Prozesse mit im Verhältnis alten Methoden erhoben werden, das Konzept der Pattern nicht auch hier angewandt werden?

Die Bewertung von Business (Re-)Engineering wird durch Workflow Patterns unterstützt, da Tools und Maßnahmen kategorisiert werden können. Standards können entwickelt und evaluiert werden, die Qualität der Prozessanalyse und Workflowmodellierung steigt.

Dennoch sollte der Fokus nicht nur auf den vorhandenen Stärken in der Modellierung des Kontrollflusses bleiben, sondern auch andere wichtige Aspekte, etwa die durch die KMDL einmal exemplarisch aufgezeigten Wissenflüsse in Prozessen berücksichtigen. In der heutigen Gesellschaft, in der Wissen immer mehr auch als Wettbewerbsfaktor akzeptiert ist und Unternehmen als Kapital das Wissen in den Köpfen ihrer Mitarbeiter statt Steine und Maschinen sehen, sind diese Wissensprozesse zur Leistungserstellung immer wichtiger.

Perspektivisch könnten die auf diesen erweiterten Workflow-Mustern aufsetzenden Sprachen und Werkzeuge einen umfangreichen Beitrag zum Verständnis und der Optimierung von Geschäftsprozessen – gerade auch von wissensintensiven Prozessen– leisten.

Literatur

[ABHK00] AALST, W., A. BARROS, B. HOFSTEDE und A. KIEPUSZEWSKI: *Advanced Workflow Patterns*. In: P. SCHEUERMANN, O. ETZION EN (Herausgeber): *7th International Conference on Cooperative Information Systems (CoopIS 2000)*, Band 1901 der Reihe *Lecture Notes in Computer Science*, Seiten 18–29. Springer-Verlag, Berlin, 2000.

[ABHK03] AALST, W., A. BARROS, B. HOFSTEDE und A. KIEPUSZEWSKI: *Workflow Patterns*. Distributed and Parallel Databases, 14(3):5–51, 2003.

[DtH01] DUMAS, MARLON und ARTHUR H. M. TER HOFSTEDE: *UML Activity Diagrams as a Workflow Specification Language*. Lecture Notes in Computer Science, 2185:76–105, 2001.

[GHJV94] GAMMA, ERICH, RICHARD HELM, RALPH JOHNSON und JOHN VLISSIDES: *Design Patterns: Elements of Reusable Object-oriented Software*. Addison Wesley Professional Computing Series, 1994.

[Gro03] GRONAU, NORBERT: *Modellierung wissenintensiver Prozesse mit der Beschreibungssprache K-Modeler*. In: GRONAU, NORBERT (Herausgeber): *Wissensmanagement: Potenziale, Konzepte, Werkzeuge*. GITO Verlag Berlin, 2003.

[KFG01] KRALLMANN, H., H. FRANK und N. GRONAU: *Systemanalyse im Unternehmen*. Oldenbourg Verlag (München), 2001.

[KHvdA02] KIEPUSZEWSKI, B., A. HOFSTEDE und W. VAN DER AALST: *Fundamentals of Control Flow in Workflows*, 2002.

[Kie02] KIEPUSZEWSKI, B.: *Expressiveness and Suitability of Languages for Control Flow Modelling in Workflows*, 2002.

[MS99] MÜLLER, BERND F. und PATRICK STOLP: *Workflow-Management in der industriellen Praxis - vom Buzzword zum High-Tech Instrument*. Springer (Heidelberg), 1999.

[OV96] OESTERLE, H. und P. VOGLER: *Praxis des Workflow-Managements-Grundlagen, Vorgehen, Beispiele*. vieweg Verlag, 1996.

[OWS+03] OESTERREICH, BERND, CHRISTIAN WEISS, CLAUDIA SCHRÖDER, TIM WEILKIENS und ALEXANDER LENHARD: *Objektorientierte Geschäftsprozessmodellierung mit der UML*. dpunkt. Verlag, 2003.

[PS98]   PETERS, BERNHARD und DIRK SEBALD: *Potential-Management: Wir können mehr! Unternehmenspotentiale entdecken und managen.* Orell Füssli Management, 1998.

[Sch94]   SCHEER, A.-W.: *Business Process Engineering: Reference Models for Industrial Enterprises.* Springer Verlag, 1994.

[SH01]   STAHLKNECHT, PETER und ULRICH HASENKAMP: *Einführung in die Wirtschaftsinformatik.* Springer (Heidelberg), 10. Auflage, 2001.

[Som01]   SOMMERVILLE, IAN: *Software Engineering.* Pearson Studium, 2001.

[SZ00]   STOHR, EDWARD A. und J. LEON ZHAO: *Workflow Automation: Overview and Research Issues.* 2000.

[vdABtHK00]   AALST, WIL M. P. VAN DER, ALISTAIR P. BARROS, ARTHUR H. M. TER HOFSTEDE und BARTEK KIEPUSZEWSKI: *Advanced Workflow Patterns.* In: *Conference on Cooperative Information Systems*, Seiten 18–29, 2000.

[vdAtH]   AALST, W.M.P. VAN DER und A.H.M. TER HOFSTEDE: *Workflow Patterns: On the Expressive Power of (Petri-net-based) Workflow Languages.*

[WFP03]   *Workflow patterns Homepage*, 2003. http://tmitwww.tm.tue.nl/-research/patterns/, Retrieved 2003-11-10.